Chakren für Einsteiger

Wie Sie Ihr Chakra heilen, aktivieren und stärken und Ihren Körper auf einer neuen spirituellen Ebene entdecken

Amelie Rosenstein

FSC
www.fsc.org
MIX
Papier aus ver-
antwortungsvollen
Quellen
Paper from
responsible sources
FSC® C105338

INHALT

Das erwartet Sie in diesem Buch

In diesem Buch erwartet Sie einiges, das Ihnen helfen wird, Ihren Körper und Ihre Seele auf einer spirituellen Ebene besser kennenzulernen und zu lernen, sich selbst zu verstehen. Hierbei soll es nicht um medizinisches Fachwissen gehen, sondern um spirituell-wahrnehmbares Wissen. Sie werden die Chakren kennenlernen. Diese Energiewirbel können Sie in Ihrem Körper spüren – fühlen Sie nur in sich hinein. Das Wissen um die Chakren stammt, wie auch die Yoga-Praxis, aus Indien. Vielleicht nehmen Sie des Öfteren an Yoga-Kursen teil und kennen die bewussten Atemtechniken und meditativen Übungen? Dann ist es auf jeden Fall lohnenswert, wenn Sie sich mit Ihren Chakren auseinandersetzen.

Wenn Ihre Chakren ausgeglichen und aktiviert sind, dann sind Sie mit Ihrem Körper und der Sie umgebenden Welt im Reinen. Sie fühlen sich wohl, akzeptiert und mit all Ihren Stärken und Schwächen angenommen. Die Chakren können jedoch auch blockiert und damit in ihrer Funktion gestört sein. Daraus können sich körperliche wie seelische Beschwerden entwickeln, die Sie dann wahrnehmen und die Sie schließlich in Ihrem Leben beeinträchtigen können.

Auf den folgenden Seiten werden Sie lernen, was die Chakren überhaupt sind, wie sie symbolisch dargestellt werden, wo sie sich im menschlichen Körper befinden und welche Funktionen sie besitzen. Aber auch mögliche Störungen und Blockaden der einzelnen Chakren werden aufgegriffen und deren physische und psychische Auswirkungen auf den Körper thematisiert. Auf diesen Theorieteil folgt ein praktischer Teil, in dem Sie Übungen zur Heilung, zur Aktivierung und zur Stärkung Ihrer

Chakren kennenlernen werden. Schließlich werden noch ausgewählte Anleitungen für Meditationen und Yoga-Übungen vorgestellt.

Chakren

WAS SIND CHAKREN?

Chakren sind Energiezentren, die in der Aura eines Menschen zu finden sind. Sie werden auch als Energieräder bezeichnet. Die Aura eines Menschen wird als dessen Ausstrahlung verstanden. Sie ist eine Energie, die uns Menschen umgibt. Jeder Mensch trägt die Anlage in sich, sich der eigenen Aura und der damit eng verknüpften Chakren bewusst zu werden.

Die Bezeichnung eines Chakra als *Energierad* lässt sich besonders dadurch veranschaulichen, wenn Sie sich ebendieses Energierad als eine sich drehende Blüte vorstellen. Diese Auffassung stammt aus der indischen Mythologie, in der die Vorstellung existiert, dass die Chakren des Menschen in Blütenfarben aus ihm herausleuchten. So werden Chakren auch als Padmas beschrieben, womit eine Lotusblüte gemeint ist. Diese Lotusblüte ist als Knospe verschlossen, entfaltet sich dann und blüht schön auf. Ähnlich verhält sich dies mit den Chakren, denn diese können sich, bildlich gesprochen, öffnen und entfalten, womit sie uns Gutes tun. Weiterhin können Sie sich Chakren auch als runde Geflechte vorstellen.

Es wird deutlich, dass einige Vorstellungen existieren, sich den eigenen Chakren bewusst zu werden. Es ist zu betonen, dass hier versucht wird, Strukturen zu beschreiben, die intuitiv wahrgenommen werden, und diese sind dadurch hier verbildlicht dargestellt. Allgemein sind die Chakren, um es kurz zu sagen, Zentren der Lebensenergie eines Menschen. Doch die Veranschaulichung dieser Energie liegt in Ihrer eigenen Vorstellungskraft.

Es gibt sieben Hauptchakren, 21 kleinere Chakren und eine Vielzahl an sehr kleinen Chakren. Vier der 21 kleineren Chakren sind an den Handinnenflächen und Fußsohlen zu finden. Ein paar der kleinsten Chakren entsprechen sogar den Akupunkturpunkten. Diese Aspekte zeigen eine eindeutige

Verbindung der Chakren zu den Praktiken der Akupunktur und der chinesischen Medizin. Hierbei stellen die Grundlage die Energien des Körpers und deren Verbindungen dar, wobei diese selbst die Chakren verdeutlichen.

WO LIEGEN DIE CHAKREN?

Jedes Chakra hat einen festen Ort im Körper eines Menschen. Es gibt eine Vielzahl an Chakren, dabei werden die sieben Hauptchakren hervorgehoben. Die Chakren sind entlang der Sushumna, der feinstofflichen Wirbelsäule, angeordnet. Die Sushumna ist in Form einer Wirbelsäule vorstellbar. Sie verläuft zudem, ähnlich wie die Wirbelsäule eines jeden Menschen, vom Beckenboden bis zum Scheitel des Kopfes. Die Lage der einzelnen Chakren ist eindeutig bestimmt. Sie ist entscheidend für die entsprechende Wirkung auf den Körper und den Geist. Außerdem ist auch ihre Bezeichnung nach der jeweiligen anatomischen Lage ausgerichtet. Jedes der Hauptchakren wird in einem Zusammenhang zu den körperlichen Organen gesehen, deren Lage ähnlich ist. Die Chakren stehen außerdem in Verbindung mit neurologischen Funktionen und mit einer Hauptdrüse des endokrinen Systems. Deshalb lassen sich Blockaden oder Störungen der Chakren auch auf körperlicher und psychischer Ebene herleiten. Die einzelnen Chakren sind durch Energiekanäle miteinander und stark aneinander gebunden. Diese intensive Bindung ist vor allem bei angrenzenden Chakren am stärksten. Daher kann es dazu führen, dass ein blockiertes Chakra dafür sorgt, dass auch andere Chakren in ihrer Funktion beeinträchtigt sind. Blockierte Chakren können also für körperliche Beschwerden sorgen, aber auch für psychische Beeinträchtigungen, wie emotionales und geistiges Unwohlsein. Deshalb sollten Sie versuchen, in einen ganzheitlichen Einklang mit Ihnen selbst zu treten und dadurch alle sieben Chakren zu heilen und zu aktivieren. Die einzelnen Störungen und Blockaden wie auch die jeweilige Lage der einzelnen Chakren werden in den folgenden Kapiteln genauer erläutert.

WIE WERDEN DIE CHAKREN DARGESTELLT?

Jedes Chakra wird mit einem eindeutigen Symbol, einer Lotusblüte, und einer Farbe beschrieben. Die Symbole werden als Mandalas dargestellt und wurden bereits vor Jahrhunderten den einzelnen Chakren zugeordnet. Sie stellen bildlich dar, welche Bedeutung und welche Aufgabe jedes Chakra für uns Menschen darstellt. Die dargestellten Lotusblüten besitzen unterschiedlich viele Blütenblätter. Die Anzahl dieser Blätter entspricht den in dem jeweiligen Chakra entspringenden Energie- und Nervenkanälen. Die Mandalas sind in einer bestimmten Farbe eingefärbt, welche erneut die Bedeutung der einzelnen Chakren verdeutlicht. Die Chakren sind Teil des Menschen und umgeben ihn. Dennoch sind die jeweiligen Farben in der Regel für andere Menschen nicht sichtbar. Lediglich wenige Menschen nehmen die Schwingungen unserer Energiezentren als Farben wahr. Im tiefsten Bereich der feinstofflichen Wirbelsäule des Menschen wird oftmals die Farbe schwarz wahrgenommen. Diese verändert sich über rot, gelb, grün und blau und schließlich zu weiß beziehungsweise transparent. Mit aufsteigen-

der Höhe, in Richtung der Unendlichkeit, verändern sich die Farben erneut hin zu einem schwarz. Diese farbliche Darstellung der einzelnen Chakren ist besonders hilfreich bei der Heilung, Aktivierung und Stärkung der eigenen Chakren. Doch dies folgt in einem späteren Kapitel, denn zuvor empfehle ich Ihnen, die einzelnen Chakren erst einmal kennenzulernen.

WELCHE FUNKTIONEN BESITZEN DIE CHAKREN?

Die einzelnen Chakren besitzen, gesondert betrachtet, spezielle Funktionen. Insgesamt gelten die Chakren, nach der Chakrenlehre, als Vermittler zwischen dem physischen menschlichen Körper, dem feinstofflichen Körper, also der Aura, und der Umwelt. Sie stehen in einer direkten Verbindung mit der Aura, die jeden von uns Menschen umgibt, und außerdem zu unserer Umwelt. Die Umwelt kann hierbei auch als Kosmos verstanden werden, durch den ebenfalls verschiedene Energien fließen. Die Chakren nehmen Energien auf und geben Energien vom Körper an die Umwelt ab. Diese Energien

können sowohl positiv als auch negativ geladen sein und uns dementsprechend beeinflussen. Die Beeinflussung nimmt eine wichtige Bedeutung in unserer körperlichen und psychischen Gesundheit ein. Aber nicht nur die Gesundheit, sondern auch die Entwicklung eines jeden Menschen wird durch die Energien beeinflusst.

Die Darstellung der Aspekte auf den folgenden Seiten ist keineswegs wissenschaftlich belegbar. Dennoch zeigt sich eindeutig, dass der Glaube an die Chakren und damit einhergehend die Wahrnehmung und das Eingehen auf die eigenen Energien den Menschen bei physischen und psychischen Beschwerden helfen können.

Die sieben Hauptchakren

Es gibt, neben zahlreichen Nebenchakren, sieben Hauptchakren. Im Folgenden werden ausschließlich die sieben Hauptchakren erläutert, da bei diesen die größte Möglichkeit besteht, auf sie Einfluss zu nehmen und so eine Wirkung zu erzielen. Diese Chakren sind in sieben Unterkapitel unterteilt. In jedem dieser Kapitel werden das Symbol, die Farbe und das Element des jeweiligen Chakras beschrieben. Anschließend werden die Lage im menschlichen Körper und darauffolgend die Grundthemen und die

Bedeutung beziehungsweise die Funktion des jeweiligen Chakras erläutert. Ein besonderer Fokus liegt auf möglichen Störungen und Blockaden des einzelnen Chakras.

1 MULADHARA – DAS WURZELCHAKRA

Symbol, Farbe und Element

Das Wurzelchakra, das Muladhara in Sanskrit, wird durch ein tiefrotes Mandala dargestellt. Das Symbol stellt einen vierblättrigen Lotus dar. Das zugehörige Element ist die Erde.

Lage

Das Wurzelchakra befindet sich am untersten Ende unserer feinstofflichen Wirbelsäule. Das bedeutet, es liegt am Damm, zwischen Genitalien, Anus und Steißbein. Das Chakra wird außerdem dem Mastdarm, Dickdarm und den Nebennieren zugeordnet.

Grundthemen

Die Grundthemen des Wurzelchakras sind der Lebenswille, das Überleben und das Urvertrauen. Diese elementaren Grundbedürfnisse stärken das Vertrauen in das Leben. Deshalb gehören zu den Themen auch Sicherheit, Geborgenheit und Gesundheit. Es geht um Stabilität und innere Stärke. Zu den Themen dieses Chakras gehören außerdem solche Themen, die die Beziehung zur materiellen Ebene des Lebens ausdrücken. Das sind Themen wie Geld, Macht und Karriere.

Bedeutung und Funktion

Die Funktion dieses Chakras besteht darin, den Menschen zu erden. Es nimmt Energie von der Erde auf und gibt überschüssige Energie zur Erde ab. Deshalb ist es auch trichterförmig geformt und öffnet sich zur Erde hin. Das Wurzelchakra ist somit die Verbindung des physischen Körpers zu der physischen Welt und den Energien der Erde. Es besitzt eine bedeutende Funktion hinsichtlich der menschlichen Beziehung zur Erde. Das Chakra ist wie eine Brücke der Seele zur körperlichen Welt zu verstehen. Ein ausgeglichenes Wurzelchakra sorgt für ein Leben ohne Angst, mit Sicherheit, Stabilität und Urvertrauen sowie der Möglichkeit zur Ausübung von Spiritualität.

Störungen und Blockaden

Störungen des Wurzelchakras können körperlich auf die Lage und psychisch auf die Funktionen und Grundthemen dieses ersten Chakras zurückgeführt werden. Auf körperlicher Ebene werden Störungen des Wurzelchakras durch Probleme mit der Verdauung, der Prostata oder den Nieren erkennbar. Aber auch Menstruationsbeschwerden und Schmerzen im unteren Rücken können auf Störungen dieses Chakras zurückgeführt werden. Auf der seelischen Ebene rufen Störungen oder Blockaden des Wurzelchakras Ängste hervor. Diese sind vor allem auf die Sicherung der eigenen Existenz bezogen, aber auch auf andere alltägliche Dinge. Dazu gehören Ängste wie die Angst um das eigene Wohl oder die eigene Sicherheit. Weiterhin können Störungen des Chakras für ein Mangel an Vertrauen oder für Orientierungslosigkeit sorgen. Diese letzten beiden Problematiken lassen sich auch auf der spirituellen Ebene betrachten. Hierbei bewirken Blockaden des Wurzelchakras ein mangelndes Vertrauen in das Göttliche.

2 SVADISHTHANA – DAS SAKRALCHAKRA

Symbol, Farbe und Element

Das Sakralchakra wird durch die Darstellung eines orangefarbenen, sechsblättrigen Lotus symbolisiert. Das zugehörige Element ist Wasser.

Lage

Das Sakralchakra liegt am unteren Ende der Wirbelsäule im Bereich des Kreuzbeins und unterhalb des Bauchnabels. Es wird den Fortpflanzungsorganen, den Nieren, der Blase und allen Körperflüssigkeiten zugeordnet.

Grundthemen

Themen des Sakralchakras sind die Lebenslust und die Schaffenskraft. Es bezieht sich auf energetische Themen, wie die kreative Energie des Lebens, die Lebendigkeit und die Lebensfreude. Grundthemen des Sakralchakras sind weiterhin emotionaler Art. Dazu gehören Verlangen und Begehren, Lust, Sexualität und Kreativität.

Bedeutung und Funktion

Das Sakralchakra drückt unsere Lebensenergie aus. Es zeigt sich in unserer Beziehung zum Leben und unserer Leidenschaft für das Leben. Deshalb wird dieses Chakra auch in sinnlichen Erfahrungen bemerkbar. Dazu gehören Erfahrungen des Schmeckens und kreative Erfahrungen. Das Sakralchakra wird nicht nur in unseren kreativen Erfahrungen bemerkbar, es ist sogar unser persönlicher Schlüssel zur eigenen Kreativität. Zudem sprechen sexuelle Erfahrungen das Sakralchakra an. Dieses zweite Chakra ist wesentlich für das Gefühl der Lebendigkeit, für die emotionale Ausgeglichenheit und damit vor allem für unsere Gesundheit maßgebend. Es äußert sich nach vollendeter Arbeit in der Freude, diese beendet zu haben und Erfolg zu fühlen. Es zeigt sich weiterhin bei der Ausübung aller schönen und angenehmen Dinge, die das Leben bieten.

Störungen und Blockaden

Da das Sakralchakra unsere Beziehung zum Leben zeigt, sind Störungen dieses Chakras sinnlicher, emotionaler oder auch sexueller Art. Das Chakra verarbeitet solche Erfahrungen, weshalb es durch fehlende oder überwältigende Eindrücke zu Blockaden kommen kann. Es ist wichtig, dass Sie Ihr Leben genießen, aber nicht übertreiben. Hier verhält es sich ähnlich wie bei allen anderen Chakren. In allen Fällen gilt es, die Balance zu halten. Störend wirkt es auf Ihr Sakralchakra ein, wenn Sie keine Zuneigung erhalten und Ihre Emotionen unterdrücken. Zudem können das Fehlen körperlicher Nähe und das Unterdrücken der eigenen Sexualität Ihr Sakralchakra blockieren. Störungen körperlicher Art werden durch Verstopfung oder Kreuzschmerzen erkennbar. Anzeichen sind jedoch auch eine chronische Müdigkeit und Erkrankungen des jeweiligen Geschlechts. Weiterhin können Nierenerkrankungen und Harnwegsinfekte auftreten. Seelisch zeigen sich Blockaden oder Störungen des Chakras bei Suchterkrankungen und sexueller Unlust und auch bei geistiger Kraftlosigkeit. Oftmals bemerken Sie einen Verlust Ihrer Lebensfreude und verschließen sich für die schönen Dinge des Lebens. Es kommt dazu, dass Sie unfähig werden, Berührungen mit anderen Menschen auszutauschen, oder dass Sie Schwierigkeiten dabei haben, Intimität zuzulassen. Aber auch andersherum, wenn Sie die

Sucht entwickeln, sich sexuell zu betätigen, dann ist ebenfalls Ihr Sakralchakra gestört. Probleme dieser Art entstehen vor allem, wenn Sie sich emotional verschließen, und wenn Sie dazu neigen, Ihre eigenen Emotionen zu unterdrücken, dann ist vermutlich Ihr Sakralchakra blockiert. In Bezug auf die kreativen Erfahrungen zeigen sich spirituelle Blockaden. Hierbei geht es um das Finden und Ausdrücken der eigenen kreativen Erfahrungen.

3 MANIPURA – DAS NABELCHAKRA

Symbol, Farbe und Element

Das Nabelchakra trägt das Symbol eines zehnblättrigen Lotus. Dieses wird in der Farbe Gelb dargestellt. Das Chakra steht für das Element Feuer. Dieses Chakra wird Nabelchakra, aber auch Solarplexus Chakra genannt.

Lage

Das Manipura oder auch Nabelchakra liegt oberhalb des Bauchnabels. Es nimmt einen großen Bereich des Körpers ein, denn es beginnt bereits am Bauch-

nabel und erstreckt sich bis zum Brustbein. Das bedeutet, dass es sich mittig des Oberbauches befindet. Es wird dem Verdauungssystem, also dem Magen, der Milz und der Leber zugeordnet.

Grundthemen

Thematisch steht das Nabelchakra für die menschlichen inneren Identitäten, also die Persönlichkeit, die Selbstsicherheit und der eigene Wille. Das Chakra verdeutlicht unser Selbstverständnis wie unsere eigene Macht und Willenskraft. Aber nicht nur unsere Selbstsicherheit, auch die Selbstwirksamkeit ist Thema des Nabelchakras.

Bedeutung und Funktion

Das Nabelchakra liegt mittig im Körper und besitzt eine bedeutende Funktion für unsere Persönlichkeit. Es sorgt für unser Selbstverständnis und die eigene Akzeptanz. Außerdem ist das Nabelchakra, auch aufgrund seiner Lage, mit dem menschlichen Verdauungssystem verbunden. In diesem energetischen System wird nicht nur die Nahrung verdaut und verarbeitet, sondern auch unsere Erfahrungen und Emotionen. In diesem Prozess bildet das Nabelchakra das menschliche Selbstverständnis und damit die Persönlichkeit und Identität. In dem Chakra wird weiterhin das grundlegende Bedürfnis deutlich, uns selbst zu verwirklichen und uns Herausforderungen zu stellen. Das Chakra steht für unser Selbstbewusstsein und die Energie, die in uns steckt. Es stärkt uns Menschen vor allem darin, unserer Intuition nachzugehen und auf unser sogenanntes „Bauchgefühl" zu hören. Das gibt uns Kraft und das Gefühl der Kontrolle über unser eigenes Leben.

Störungen und Blockaden

Ihr Nabelchakra kann gestört und blockiert sein, wenn es von Erfahrungen überwältigt und dadurch überfordert wird. Dazu gehören vor allem negative Erfahrungen und Gedanken wie auch Versagensangst und starke Kritik. Ihr Chakra kann zudem auch gestört werden, wenn Ihre Gefühle zu Ihrer eigenen Wirkungsmacht und die eigenen Fähigkeiten nicht unterstützt werden. Dies könnte jedoch auch dazu führen, dass Sie einen starken Ehrgeiz entwickeln, der nicht mehr der Normalität entspricht. Außerdem sind Sie möglicherweise durch einen Kontrollwahn beeinträchtigt. Störungen körperlicher Art werden durch Verdauungsstörungen und Magenprobleme sowie Diabetes und Übergewicht deutlich. Das Nabelchakra kann hierbei die gemachten Erlebnisse nicht verarbeiten. Ist das Nabelchakra blockiert, kann sich dies ebenfalls an psychischen Problemen zeigen. Diese sind eine allgemeine Unzufriedenheit und Ruhelosigkeit. Dazu gehört auch Aggressivität und Unsicherheit, aber auch Gefühle der Überforderung und Machtlosigkeit wie Verzweiflung, Angst und Wut. Weiterhin können Schlafstörungen und Albträume aufkommen. Beeinträchtigungen dieser Art treten insbesondere nach psychischen Angriffen und Beeinflussungen durch andere Menschen auf. Spirituell werden Blockaden dieses Chakras bei Störungen der Entwicklung des eigenen Selbstverständnisses bemerkbar.

4 ANAHATA – DAS HERZCHAKRA

Symbol, Farbe und Element

Das Anahata, das Herzchakra, wird durch ein grünes Symbol ausgedrückt. Das Symbol zeigt einen zwölfblättrigen Lotus und das zugehörige Element ist Luft.

Lage

Das Herzchakra bildet den Mittelpunkt des Chakren-Systems. Es verbindet die drei unteren Energiezentren mit den drei oberen und liegt mittig zwischen diesen Teilen im Körper. Dieses Chakra liegt im Brustraum, mittig auf der Brust und auf der Höhe des Herzens. Dem Chakra wird das Herz zugeordnet, außerdem der obere Rücken, der Brustkorb und die Brusthöhle sowie die Lungen und die Haut. Aber auch das Blut- und Kreislaufsystem stehen in einer Verbindung zum Herzchakra.

Grundthemen

Grundlegende Themen des Herzchakras sind die Liebe und das Vertrauen, weiterhin die Hingabe, der Schmerz, die Trauer und die Vergebung wie auch Dankbarkeit. Das Karma ist ebenfalls ein

Thema dieses Chakras.

Bedeutung und Funktion

Das Herzchakra sorgt für die Erfüllung des menschlichen Lebens durch die Erfahrung von Liebe. Es möchte Mitgefühl und Menschlichkeit entwickeln und ermöglicht Gefühle der Liebe für uns selbst und für andere. Insbesondere ermöglicht dieses Chakra die Entwicklung einer bedingungslosen Liebe und Hingabe. Wir Menschen verbinden uns dadurch mit der Liebe der Einheit, die grundlegend für die Schöpfung ist. Diese unsichtbare Einheit zeigt sich am deutlichsten in unserem Atem. Der Atem zeigt den Strom zwischen allem Schöpferischen und uns. Eine weitere bedeutende Funktion dieses Chakras ist die Liebe zu anderen Menschen. Mit dem Chakra wird die Welt der menschlichen Liebe spürbar. Dabei werden wesentliche wechselseitige menschliche Erfahrungen ermöglicht. Es sind Einblicke in das wechselseitige Geben und Nehmen sowie in die Gefühle des Liebens und des Geliebt-Werdens. Aber auch schmerzhafte menschliche Erfahrungen wie Verlust oder Ablehnung stehen in einer direkten Verbindung zum Herzchakra. Das Herzchakra lässt uns Menschen erkennen, dass die Liebe etwas ist, was wir selbst sind. Es zeigt uns, dass wir selbst die Liebe sind und dass diese Liebe unendlich ist. Mit dieser Erkenntnis fungiert das Herzchakra als Liebe zu uns selbst. Diese Selbstliebe erlaubt uns, unseren Mitmenschen und dem Leben mit Liebe zu begegnen. Weitere Funktionen des Herzchakras sind heilender Art. Das Chakra stellt uns in das Reine zu uns selbst und ermöglicht zudem neue spirituelle Erfahrungen. Spirituelle Erfahrungen beziehen sich über das Herzchakra vor allem auf die Öffnung des Seins zu anderen Dimensionen und außerdem auf eine Beziehung voller Hingebung zum Göttlichen.

Störungen und Blockaden

Körperliche Störungen dieses Chakras werden durch Blutdruckstörungen und Herz- und Lungenerkrankungen erkennbar. Leiden Sie unter Gefühlskälte und Kontaktschwierigkeiten oder auch unter Schwierigkeiten der körperlichen und psychischen Abgrenzung zu anderen Menschen, so könnten Sie psychisch von einer Blockade des Herzchakras betroffen sein. Schwierigkeiten in der Abgrenzung zu anderen Menschen zeigen sich beispielsweise dann, wenn Sie sich zu aufopfernd engagieren. Sie werden ausgebeutet und zerstören damit sich selbst. Diese psychischen Beschwerden zeigen sich auch körperlich an Herzproblemen und an der Atmung. Wenn Sie eine Gefühlskälte bei sich wahrnehmen, sollten Sie dringend Ihr Herzchakra aktivieren und stärken. Blockaden dieser Art können zu einer kompletten Isolierung von Ihrem sozialen Umfeld und zu Schwierigkeiten in dem Erhalten und Knüpfen neuer Kontakte führen. Aber auch starker emotionaler Schmerz kann Ihr Herzchakra blockieren. Sie fühlen sich gleichgültig, distanziert und verschlossen. Wenn Sie spirituelle Blockaden hinsichtlich Ihrer Entfaltung von Liebe erspüren, dann ist Ihr Herzchakra gestört.

5 VISHUDDHA – DAS HALSCHAKRA

Symbol, Farbe und Element

Das Halschakra, auch Vishuddha oder Kehlkopfchakra genannt, wird durch die Farbe himmelblau symbolisch ausgedrückt und in Form eines sechzehnblättrigen Lotus dargestellt. Das zugehörige Element zu diesem Chakra ist der Äther.

Lage

Das Halschakra liegt etwas unterhalb des Kehlkopfes, zwischen der Halsgrube und dem Kehlkopf. Es wird dem Hals, dem Nacken und dem Kieferbereich zugeordnet, aber auch der Stimme und der Luftröhre, der Speiseröhre und ebenfalls dem Armen.

Grundthemen

In Bezug auf die Lage scheint es eindeutig, dass Themen des Halschakras die Kommunikation, die Wahrheit und die Klarheit betreffen. Dieses Chakra stellt die menschliche Kommunikation mit der Außenwelt dar und sorgt dabei für eine Einheit in allen Bereichen unserer Verständigung. Deshalb sind grundlegende Themen auch der Selbstausdruck, die

Integrität und die Authentizität. Aber auch inspiratorische Themen und Themen der Unabhängigkeit werden mit diesem Chakra in eine Verbindung gesetzt.

Bedeutung und Funktion

Das Halschakra verdeutlicht vor allem Ihre Einzigartigkeit und die Besonderheit Ihrer Mitmenschen. Es sorgt dafür, wie wir unseren Körper halten und präsentieren, welche Wortwahl wir nutzen und wie wir die Worte ausdrücken. Dieses Chakra zeigt unseren einzigartigen und individuellen Ausdruck zu unserer Umwelt hin. Dieser eigene Ausdruck erfolgt nicht nur durch Sprache, sondern auch mit der Körpersprache. Wir teilen uns durch Kommunikation und durch andere kreative Ausdrucksformen, wie der Tanz, die Musik und die Schauspielerei, mit. Zudem sorgt das Halschakra dafür, dass wir Menschen mit einem höheren Verstand verbunden werden. Spirituell betrachtet identifizieren wir Menschen uns durch das Halschakra mit unserem wahren Selbst und öffnen uns. Diese Öffnung erfolgt hinsichtlich der feinstofflichen Dimensionen.

Störungen und Blockaden

Spüren Sie Hemmungen in Ihrem sprachlichen Ausdruck oder mangelt es Ihnen an diesem, dann kann ein Grund dafür eine seelische Blockade Ihres Halschakras sein. Ebenso kann es durch diese Symptome zu Störungen in Ihrem Chakra führen. Es wird Ihr Selbstausdruck und Ihre Verständigung mit der Umwelt beeinträchtigt. Falls Sie darunter leiden, können Sie nicht Ihre Bedürfnisse und Meinungen anderer Menschen mitteilen. Sie könnten unter einer Angst leiden, mit Ihren Mitmenschen in Kontakt zu treten – wahrscheinlich aus Angst vor Kritik oder Ablehnung. Ist Ihr Halschakra blockiert, führt dies weiterhin dazu, dass Sie wahrscheinlich wenig Vertrauen in sich selbst haben und dadurch weniger träumen oder eigene Ideen entwickeln. Körperlich machen sich Blockaden des Halschakras bemerkbar, wenn die Schilddrüse erkrankt, Nackenschmerzen auftreten oder der sprachliche Ausdruck gestört ist. Außerdem kann sich Ihr Rachen entzünden oder es entwickeln sich Problematiken mit Ihren Zähnen.

6 AJNA – DAS STIRNCHAKRA

Symbol, Farbe und Element

Das Stirnchakra wird auch in Sanskrit Ajna Chakra bezeichnet. Es wird durch einen indigoblauen bis violetten Lotus symbolisch dargestellt. Dieses Lotusblatt besitzt 96 Blütenblätter. Das Stirnchakra wird oft auch als Drittes Auge bezeichnet. Das zugehörige Element ist der Geist.

Lage

Das Stirnchakra liegt mittig auf dem Kopf, auf der Höhe der Augenbrauen. Es nimmt den Raum über und zwischen den Augenbrauen ein und liegt somit in der Mitte der Stirn. Dieses Chakra wird dem Gesicht, den Augen, den Ohren und der Nase sowie den Nebenhöhlen, dem Kleinhirn und dem zentralen Nervensystem zugeordnet.

Grundthemen

Themen dieses Chakras beziehen sich auf das Sehen und die Klarheit sowie die Visualisierung. Weitere Themen sind auf die Seele und den Geist bezogen, aber auch auf die Intuition, die Spiritualisierung und die göttliche Inspiration.

Bedeutung und Funktion

Das Stirnchakra ermöglicht eine Verbindung zwischen uns Menschen, also zwischen unserer Seele und der höheren Intuition. Diese Verbindung wird dann ermöglicht, wenn alle weiter unten liegenden Chakra geöffnet und ausbalanciert sind. Außerdem ist dieses Chakra das beste und reinste Bindeglied zwischen unserer Seele und unserem Körper. Eine bessere Verbindung lässt sich sonst nirgendwo erreichen. In diesem Chakra sitzt auch unser Bewusstsein und unser inneres Ich. Das Stirnchakra ist für eine klare innere Sicht verantwortlich und somit die Grundlage für unsere Intuition und Psyche. Ist das Stirnchakra ausgeglichen, so sorgt es für ein Gefühl des Einklanges mit sich selbst. Sie werden dann ein hohes Bewusstsein für sich selbst empfinden und ein spirituelles Leben führen, mit einem wachen Verstand und Fantasie. Deshalb wird dieses Chakra auch als „Tor zur Seele" bezeichnet. Aufgrund des Stirnchakras konnten die Erkenntnisse abgeleitet werden, dass wir Menschen nicht nur körperliche Erfahrungen spüren können, sondern auch spirituelle. Es ist durch das Stirnchakra möglich, spirituelle Erfahrungen zu erleben, aber auch, in einem engen Austausch zur eigenen Seele zu stehen.

Störungen und Blockaden

Eine Störung Ihres Stirnchakras liegt möglicherweise daran, dass Sie versuchen, alles rational zu verstehen. Außerdem kann sich Ihr Chakra blockieren, wenn Sie versuchen, Ihre Emotionen zu unterdrücken. Wenn Ihr Stirnchakra unterentwickelt ist, dann fehlt Ihnen oft der Sinn für Intuition und Mystisches. Dies führt dazu, dass Sie sich nicht spirituell veranlagt sehen und in Ihrem Leben keinen Raum finden für Spiritualität. Körperlich machen sich Blockaden Ihres Stirnchakras oft im Kopfbereich durch Kopfschmerzen oder Migräne bemerkbar oder, wenn Ihre Sinnesorgane erkranken. Das bedeutet, dass es möglich ist, dass Ihr Stirnchakra blockiert ist, wenn Ihre Ohren oder Augen erkranken. Aber auch chronischer Schnupfen und Epilepsie sind Anzeichen für eine Blockade. Psychische Beschwerden zeigen sich an Störungen der Konzentration, Schwierigkeiten beim Lernen und dem Empfinden von Angst. Wahrscheinlich empfinden Sie Angst und Sorge in Bezug auf verschiedene

Themen in Ihrem Leben. Dies kann daran liegen, dass Sie sich für das Übernatürliche verschließen. Ein Verschluss dieser Art führt zu Gefühlen der Orientierungslosigkeit und der Sinnlosigkeit. Diese Gefühle wiederum können dazu führen, dass Sie sich isolieren und den Bezug zur Realität verlieren.

7 SAHASRARA – DAS KRONENCHAKRA

Symbol, Farbe und Element

Das Kronenchakra, auch Sahasrara in Sanskrit, wird symbolisch dargestellt durch einen tausendblättrigen Lotus. Dieser ist in der Farbe Violett verdeutlicht. Das zugehörige Element zu diesem Chakra ist der Kosmos.

Lage

Das Kronenchakra befindet sich am und über dem Scheitelpunkt des Kopfes. Es wird dem Großhirn zugeordnet.

Grundthemen

Bei dem Kronenchakra geht es um gänzliche Selbstverwirklichung, spirituelle Erkenntnisse und die Erleuchtung. Themen sind das Einheitsbewusstsein und die göttliche Führung. Insbesondere das Gefühl des Heimkommens ist ein Thema des Kronenchakras.

Bedeutung und Funktion

Das Kronenchakra verbindet das Menschliche mit

dem Göttlichen. Dies zeigt sich bereits an der Vorstellung einer trichterförmigen Öffnung nach oben. Ein geöffnetes Kronenchakra sorgt für Mitgefühl und Toleranz. Wenn das Kronenchakra seine volle Bedeutung ausüben kann, so empfinden wir einen tiefen Frieden und spüren Liebe. Das Chakra ermöglicht die bestmögliche Form von Wissen und Einheit und zeigt uns Menschen ein essenzielles Verstehen. Dieses Verstehen können wir nicht begreifen, es meint das Transzendieren der Identität, also die sogenannte Erleuchtung. Dieses höchstmögliche Gefühl ist erst dann möglich, wenn alle anderen Hauptchakren geheilt und aktiviert wurden. Das Kronenchakra kann jedoch kaum durch den Menschen, also uns selbst, bewusst geheilt und geöffnet werden. Die besondere Bedeutung des Kronenchakras liegt darin, dass dieses Chakra die sogenannte Kundalinienergie in sich vereint. Diese Energie steigt, vom Wurzelchakra ausgehend, durch alle Hauptchakren hindurch, bis sie beim Kronenchakra angekommen ist. Dort kehrt die Energie wieder um und fließt durch alle Chakren hindurch, bis sie wieder am Wurzelchakra endet.

Was ist die Kundalinienergie? Diese wichtige

Energie wird auch mit dem Ausdruck Schlangenkraft beschrieben. Die Kraft kann als ein Stab voller Energie vorgestellt werden. Der Stab verläuft durch die sieben Hauptchakren entlang der Wirbelsäule und hält sie zusammen. Die Kundalinienergie beginnt dabei am tiefsten Chakra, dem Wurzelchakra, und endet am höchsten Punkt, dem Kronenchakra.

Störungen und Blockaden

Das Kronenchakra ist selten blockiert. Dagegen ist dieses Chakra in der Regel unterentwickelt. Diese Unterentwicklung kann dazu führen, dass Sie sich weigern, in eine Verbindung zum Göttlichen zu treten. Sie können zudem depressiv und verwirrt werden oder der Realität fliehen. Dabei ist es möglich, dass Sie sich orientierungslos fühlen und sich innerlich isolieren. Es kann das Gefühl aufkommen, dass sich Ihr Leben bedeutungslos anfühlt und Sie nicht genau wissen, wer Sie eigentlich sind. Ist Ihr Kronenchakra blockiert, so kann es dazu kommen, dass Sie körperliche Beschwerden erleiden. Beschwerden dieser Art machen sich durch eine Schwächung Ihres Immunsystems und durch chronische Erkrankungen bemerkbar. Sie können Lähmungserscheinungen erleben, aber auch Multiple Sklerose und Krebs. Ist Ihr Kronenchakra gestört, so kann es auf der spirituellen Ebene dazu führen, dass keine Erleuchtung erlangt wird. Sie sind verunsichert und ziellos.

Heilen, aktivieren & stärken

Es existieren verschiedene Methoden zur Heilung, Aktivierung und Stärkung der eigenen Chakren. Zu diesen Methoden zählen insbesondere die Yoga-Praxis, aber auch die Meditation, welche in der Regel ein Teil der ganzheitlichen Ausübung von Yoga ist. Zudem ist es möglich, Klangschalen, Farben oder Edelsteine, wie auch eine Aroma- (Duft-) Therapie anzuwenden. Im Anschluss an dieses Kapitel folgt eine Darstellung verschiedener Mediationen zu den einzelnen Chakren sowie ausgewählter Yoga-Übungen zur Aktivierung und Stärkung der jeweiligen Chakren.

Dabei ist anzumerken, dass die jeweiligen Chakren nicht wirklich „geöffnet" werden können. Die Chakren können Sie nicht sehen und sie sind nicht greifbar. Sie können diese Energiekörper jedoch spüren und erahnen. Dabei können Sie sich die Wirbel in Ihren entsprechenden Formen und Farben vorstellen. Durch bewusste Wahrnehmung können Sie sich dann den Chakren widmen und anschließend Ihr Bewusstsein hin zu diesen Chakren öffnen. Dabei ist es besonders wichtig, dass Sie sich selbst aufmerksam wahrnehmen und beobachten. Dies wird Sie zu einem ausgeglichenen Leben führen! Beachten Sie jedoch, dass die einzelnen Chakren miteinander und stark aneinander gebunden sind. Diese intensive Bindung ist vor allem bei angrenzenden Chakren am stärksten. Deshalb ist es nicht ausreichend, wenn Sie ein einzelnes Chakra in den Blick nehmen und dieses versorgen. Versuchen Sie, um in einen ganzheitlichen Einklang mit Ihnen selbst zu treten, alle sieben Chakren zu heilen und zu aktivieren.

ÜBUNGEN ZUR HEILUNG DER CHAKREN

1 Muladhara – das Wurzelchakra

Um das Wurzelchakra auszugleichen und damit zu heilen, sollten Sie sich zuerst um Ihre finanzielle Sicherheit kümmern. Bei der Ausübung von Tätigkeiten dieser Art wird Sie das Wurzelchakra unterstützen und anschließend durch ein Gefühl der Sicherheit anerkennen.

2 Svadishthana – das Sakralchakra

Ihr Sakralchakra können Sie durch das Lösen von Emotionen heilen, die Sie einengen und abhängig machen. Sie sollten diese Emotionen zulassen, sich aber nicht mehr dadurch definieren lassen. Konfrontieren Sie sich mit Ihren Emotionen durch Selbstbeobachtung und reines Spüren. Versuchen Sie, Ihre Kreativität und Leidenschaft neu zu entdecken. Wenden Sie sich dafür den freudigen Dingen des Lebens zu. Hierbei bietet sich möglicherweise die Beschäftigung mit den eigenen Talenten an. Dabei lernen Sie erneut Ihre Liebe und Akzeptanz zu sich selbst kennen. Wichtig ist, dass Sie einfach sind, wer Sie sind.

3 Manipura – das Nabelchakra

Ist Ihr Nabelchakra nicht ausgeglichen, also blockiert, dann bemerken Sie wahrscheinlich eine allgemeine Ruhelosigkeit und Unzufriedenheit. Um diese Symptome auszugleichen, empfiehlt es sich, dass Sie versuchen, sich weniger oder gar nicht mit anderen Menschen zu vergleichen. Eine heilende Wirkung hat es zudem, wenn Sie für einen Ausgleich zwischen Ihrem Interesse an dem Leben anderer und Ihrem eigenen Leben sorgen. Zudem können Sie Ihr Chakra ausgleichen, in dem Sie sich auf die Eigenschaften konzentrieren, die Ihnen gut liegen. Dies wird Ihr Selbstvertrauen und somit auch Ihr Chakra stärken.

4 Anahata – das Herzchakra

Um Ihr Herzchakra zu heilen, sollten Sie bereit sein, ohne Bedingungen Gefühle, positive wie negative, zu empfinden. Sie sollten zudem zu der Akzeptanz gelangen, diese Gefühle ohne Wertungen aufzunehmen. Es geht darum, dass Sie sich ein reines Empfinden ermöglichen. Dies geht jedoch auch einher mit einer Annäherung an die eigene Verletzlichkeit. Wichtig ist, dass Sie sich Ihren Gefühlen zuwenden und Ihren Verstand mit Ihrer Seele in einen Einklang bringen. Heilend wird es sich auswirken, wenn Sie Ihren Bezug auf sich selbst und Ihre Selbstaufgabe wahrnehmen und anerkennen. Ihr blockiertes Herzchakra können Sie nur dann heilen, wenn Sie bereit sind, zu vergeben und sich der Liebe zu Ihrem Leben zu öffnen. Für all diese Aspekte eignet sich die Arbeit mit dem eigenen Atem oder sinnliche und kreative Arbeit mit den eigenen Händen.

5 Vishuddha – das Halschakra

Das Halschakra kann dann geheilt werden, wenn Sie lernen, Ihre innere Identität zu akzeptieren und auszudrücken. Sie sollten sich nicht verzerren und anlügen. Es wird befreiend wirken, wenn Sie die Angst vor Kritik oder anderen negativen Reaktionen abstellen und sich selbst akzeptieren. Um Ihr Chakra zu heilen, sollten Sie Ihre eigene Identität erkennen und annehmen und anschließend immer mehr zum Ausdruck bringen. Nebenbei sollten Sie, falls Sie Gespräche in der Regel dominieren, sich auch einmal zurückhalten und den eigenen Ausdruck überdenken. Es wird heilend wirken, wenn

Sie die Balance in Ihrem Leben, zwischen Reden und Schweigen, halten.

6 Ajna – das Stirnchakra

Besonders wichtig für die Heilung Ihres blockierten Stirnchakras ist eine intensive Zuwendung zu Ihrer eigenen inneren Welt. Diese intensive Zuwendung können Sie durch Meditationen erreichen. Diese Meditationen sind besonders schwierig, da Sie Ihre eigene Wahrnehmung geradezu bündeln müssen. Außerdem sollten Sie sich öffnen, hin zu einem vertrauensvollen Verhältnis in die höhere Führung. Nehmen Sie Ihren Geist wahr und schärfen Sie Ihre Sinne.

7 Sahasrara – das Kronenchakra

Für eine Heilung Ihres Kronenchakras müssen Sie dringend Ihre eigene Spiritualität entdecken. Wenn Sie diese dann entdeckt haben, ist es wichtig, dass Sie sie anerkennen und in Ihren Alltag integrieren. Für diese Entdeckung können Sie entspannt meditieren und Gebete durchführen. Schließen Sie für einen Moment lang Ihre Augen und atmen Sie ruhig. Stellen Sie sich dabei ein helles und violett gefärbtes Licht vor, das über Ihrem Kopf leuchtet.

ÜBUNGEN ZUR AKTIVIERUNG DER CHAKREN

1 Muladhara – das Wurzelchakra

Um das Wurzelchakra zu aktivieren, also zu öffnen, müssen Sie existenzielle Ängste und Misstrauen gegenüber der Welt loslassen. Dafür bietet es sich an, sich mit den eigenen Ängsten auseinanderzusetzen und diese aufzuarbeiten. Übungen dieser Art führen Sie körperlich aus. Dazu gehören Massagen, Yoga oder auch Meditationen. In der Yoga-Praxis sollten Sie folgende Asana ausführen: Der Stuhl, der Schmetterling, Tadasana (der Berg), Katze-Kuh, Baddha Konassana und den Kranich. Es ist auch möglich, dass Sie gutes Essen zu sich nehmen oder Zärtlichkeiten austauschen. Das Wurzelchakra verbindet Sie mit der Erde. Deshalb bieten sich aktivierende Arbeiten in der Natur an. Sie können in Ihrem Garten arbeiten, aber auch das Meer oder die Berge besuchen.

2 Svadishthana – das Sakralchakra

Sie bewirken die Öffnung Ihres Sakralchakras mit Ihrer Hingabe zum Fluss der Lebensenergie. Sie sollten versuchen, mit Ihrem Leben und der Welt in eine freudvolle und zuversichtliche Interaktion zu treten. Dafür eignet sich insbesondere das Tanzen, wodurch Sie das Gefühl der Lebendigkeit erleben werden. Aber auch andere sinnliche Erfahrungen, kreativer und sexueller Art, können Ihnen helfen. Dabei bieten sich auch sinnliche körperliche Erfahrungen wie Massagen mit Öl und besonders intensive Meditationen wie auch Yoga an. Geeignete Asana in der Yoga-Praxis sind der Ausfallschritt, die dynamische Schulterbrücke, die Taube und die Vorbeuge, auch Utanassana genannt.

3 Manipura – das Nabelchakra

Ihr Nabelchakra öffnet sich durch gezielte Übungen und Gedanken. Sie sollten versuchen, vergangene Ereignisse zu überdenken und damit erneut zu verarbeiten. Dabei ist es hilfreich, wenn Sie die aufgestauten Emotionen zulassen und nochmals erleben, um sich von ihnen zu befreien. Zudem öffnet sich Ihr Chakra, wenn Sie sich Herausforderungen stellen und sogar Risiken eingehen. Hierbei könnten auch Gruppenerlebnisse unterstützend sein. Für eine Aktivierung dieses Chakras wirken ebenfalls Meditationen hilfreich. Hierbei sollten Sie auf Stressmanagement und eine tiefe Entspannung achten. Außerdem sollten Sie sich körperlich betätigen und herausfordern. Es eignen sich dafür Aktivitäten in der Natur, wie etwa Bergsteigen oder Camping. Aber auch Fasten hilft Ihnen, Ihr Nabelchakra zu aktivieren. Wie auch bei den vorherigen Chakren unterstützt die Yoga-Praxis die Aktivierung des Chakras. Folgende Asana sollten dabei besonders intensiv ausgeübt werden: Der Drehsitz (Ardha/ Purna Matsyendrasana), die halbe Vorbeuge, der Bogen (Dhanurasana), das Boot (Navasana) und der Handstand (Vrikshasana).

4 Anahata – das Herzchakra

Sie können Ihr Herzchakra aktivieren, indem Sie das Vertrauen in Ihr Leben und in die Liebe wiederentdecken. Nehmen Sie die Natur wahr und erfreuen Sie sich auch an den kleinen Dingen des Lebens. Hierbei wirkt eine Energiearbeit unterstützend, aber auch Aromen und ausgewählte Nahrungsmittel können helfen. Intensive Meditationen können Ihr Chakra besonders aktivieren und öffnen. Wenn Sie zur Aktivierung Ihres Chakras die Yoga-Praxis ausüben wollen, sind folgende Asana zu empfehlen: Der Fisch (Matsyasana), die leichte Rückbeuge und die leichte Drehung im Sitzen, außerdem die Schulterbrücke (Setu Bandhasana) und das volle Rad (Chakrasana). Sie sollten ebenfalls über die Brust ein- und ausatmen.

5 Vishuddha – das Halschakra

Wenn Sie Ihr Halschakra mithilfe der Yoga-Praxis aktivieren wollen, dann bieten sich folgende vier Asana an: Der Schulterstand (Sarvangasana) und der Kopfstand (Shirshasana) ermöglichen eine Aktivierung dieses Chakras, aber auch das Nackenkreisen und der Hund (Adho Mukha Svanasana) bieten einfache Übungen, um Ihr Chakra zu aktivieren. Weiterhin können Sie dieses Chakra durch Klangübungen mit der Stimme, aber auch stumm über Pantomime oder das Schauspiel öffnen. Es bietet sich ein Rhetoriktraining an, um Ihre Ausdrucksfähigkeit zu trainieren. Sie sollten alle Möglichkeiten nutzen, Ihre Stimme zu betätigen – sei es in Gruppen oder präsentierend vor anderen Menschen. Auch das Singen bietet gute Möglichkeiten, Ihr Chakra zu aktivieren.

6 Ajna – das Stirnchakra

Um Ihr Stirnchakra zu aktivieren, sollten Sie dringend Ihre eigene Achtsamkeit therapieren. Dafür sind Atemübungen, Meditationen und Yoga sehr gut geeignet. In Ihrer Yoga-Praxis sollten Sie besonders den Löwen, den Krieger III und den Kopfstand (Shirshasana) ausführen. Spüren Sie dabei Ihre Energie und achten Sie auf kleinste Empfindungen. Weiterhin ist es hilfreich, wenn Sie Ihre Verbindung zur Intuition, auch täglich, mit einfachen Ja-/Nein-Entscheidungen stärken. Versuchen Sie außerdem, einerseits klar zu bleiben und sich in der Gegenwart zu verankern und andererseits bewusst Ihren Blick zu öffnen und nicht fokussiert zu sein. Testen Sie einmal eine Traumreise und künstlerische Arbeiten.

7 Sahasrara – das Kronenchakra

Wenn Sie Ihre Spiritualität wiederentdeckt haben, sollten Sie sich anschließend auf das höchste Ziel in

Ihrem Leben ausrichten. Sie sollten außerdem, um Ihr Chakra zu aktivieren, Ihre restlichen sechs Chakren öffnen und in einer Balance halten. Konzentrieren Sie sich zunächst auf Ihre anderen Chakren. Für eine vollkommene Heilung und Aktivierung Ihres Kronenchakras müssen Sie unausweichlich Ihr Leben der Spiritualität und Weisheit widmen. Sie müssen Ihren Körper und Geist dabei formen und auf dessen Aufnahme in den Kosmos vorbereiten. Hierfür sind nochmals Meditationen und Gebete geeignet. Sie könnten Yoga ausüben und für eine ganzheitliche Yoga-Praxis im Anschluss meditieren. Wenn Sie Yoga ausüben, sollten Sie die Asana Padmasana, also den Lotus-Sitz, und die Pyramide (Parsvottanasana) berücksichtigen. Es ist besonders wichtig, dass Sie im Anschluss meditieren.

ÜBUNGEN ZUR STÄRKUNG DER CHAKREN

1 Muladhara – das Wurzelchakra

Um das Wurzelchakra zu stärken, sollten Sie Ihre seelische Verbindung zu Ihrem Körper durch Meditationen oder auch durch Gebete pflegen. Zudem ist es möglich, dass Sie sich im Freien bewegen. Bewegungen an der frischen Luft stärken die Verbindung zwischen dem Körper und der Erde und somit das Wurzelchakra, welches dann dafür sorgen kann, Sie zu erden. Sie können das Wurzelchakra durch Aromen wie Nelke, Rosmarin oder Ingwer, aber auch durch die Nahrung allgemein stärken. Unterstützung erhalten Sie in der Nahrung durch erdende Wurzelgemüse wie Karotten, Rote Beete oder Kartoffeln.

2 Svadishthana – das Sakralchakra

Die Stärkung des Sakralchakras ist nicht schwierig. Sie sollten Ihr Leben einfach genießen. Wichtig dabei ist, Ausgeglichenheit im Verhältnis zwischen Ihrer Arbeit und Ihrem Wohlergehen zu finden. Unterstützung können Sie auch hier durch Aromen und die Nahrung erhalten. Es eignen sich Aromen

wie Myrrhe, Pfeffer oder Orange. Möchten Sie Ihr Sakralchakra durch die Nahrung stärken, dann sollten Sie reinigende Früchte, wie Äpfel, Birnen, Pfirsich oder Orangen, zu sich nehmen. Weiterhin kann Gemüse und Salat, etwa Kresse und Spinat, Ihnen helfen.

3 Manipura – das Nabelchakra

Eine Stärkung Ihres Nabelchakras können Sie ebenfalls durch ausgewählte Aromen und Nahrungsmittel herbeiführen. Geeignete aromatische Düfte sind Kamille, Zitrone, Anis und auch Fenchel. Es bietet sich an, wärmende Gewürze in Ihre Nahrung zu integrieren, wie schwarzer Pfeffer, Chili oder Ingwer. Aber auch ausgewählte Kohlenhydrate, Proteine, Gemüse und Getränke, die Sie von innen heraus wärmen, können hilfreich dabei sein, Ihr Chakra zu stärken. Beispielsweise könnten Sie Buchweizen, Linsen, Fenchel oder auch Ingwertee in Ihre Ernährung integrieren.

4 Anahata – das Herzchakra

Sie können Ihr Herzchakra stärken und energetisch unterstützen, indem Sie Ihre Umgebung durch die

Aromen Rose, Jasmin und Kardamom füllen. Es empfiehlt sich, Ihre Ernährung mit leichten Mahlzeiten, wie Reis oder gedünstetes Gemüse, zu ergänzen. Weiterhin sollten Sie duftende, grüne Kräuter wie Basilikum, Oregano und Petersilie zu sich nehmen. Aber auch Thymian und Rosmarin sind hierbei eine gute Wahl. Möglicherweise können Sie solche Spezialitäten wie Lotussamen oder -nüsse zu sich nehmen. Blütentees und Blütenwasser können ebenfalls Ihr Herzchakra stärken.

5 Vishuddha – das Halschakra

Um Ihr Halschakra zu stärken, sollten Sie sich regelmäßig in der Natur aufhalten. Außerdem sind Aromaöle wie Pfefferminze, Kampfer oder Eukalyptus wertvoll. Sie sollten in Ihre Ernährung reinigende Samen und viel Obst einbauen. Aber auch Fruchtsäfte und Honig werden Ihr Halschakra stärken. Weiterhin könnten Sie jemanden bitten, Ihnen eine Schulter- und Nackenmassage zu geben.

6 Ajna – das Stirnchakra

Das Stirnchakra können Sie durch Meditationen und Achtsamkeitsübungen sowie Energiearbeit stärken. Aber auch Sonnen- und Mondlicht können stärkend auf Ihr Chakra einwirken. Wenn Sie Ihr Chakra besonders stärken wollen, so können Sie sich homöopathisch behandeln lassen. Hierbei sind Aromen wie Jasmin, Minze und Zitronengras geeignet, außerdem Räucherstoffe wie Aloeholz und Basilikum. Wenn Sie Ihr Stirnchakra über Ihre Ernährung stärken möchten, dann sollten Sie verschiedene Formen des Fastens testen, womit Sie Ihren Geist stärken. Dies bietet sich an, wenn Sie Intensiv-Fasten, Wasserfasten oder Teefasten. Sie können aber auch Saft- beziehungsweise Obstfasten.

7 Sahasrara – das Kronenchakra

Für eine Stärkung Ihres Kronenchakras können Sie, neben Meditationen, ebenfalls Aromen und Räucherstoffe sowie ausgewählte Nahrungsmittel zu sich nehmen. Es wird empfohlen, die Aromen Weihrauch, Rosenholz und Neroli sowie die Räucherstoffe Myrrhe und Sandelholz einzuatmen. Integrieren Sie in Ihre Ernährung minimalistische Kost, wie rein pflanzliche und vegane Nahrungsmittel. Hierbei sollten Sie Obst und Nüsse zu sich nehmen und grünen Tee trinken.

Arbeit mit den Chakren

Vielleicht kennen Sie das Gefühl nach einer ausgiebigen Yogastunde oder einer geführten Meditation? Das Gefühl, von allen Sorgen und Gedanken befreit zu sein. Sich frei zu fühlen. Dieses Empfinden kann auf Ihre Chakren zurückgeführt werden. Sie haben mit Ihrer Yoga-Praxis und/oder Ihrer Meditation die Blockaden in Ihren Chakren gelöst. Ihre Chakren sind aktiviert und eine Energie verbindet sie und verläuft geladen durch Ihren Körper. Diese Energie wird Kundalini-Energie genannt.

KUNDALINI-ENERGIE

Diese in Ihrem Körper zirkulierende Energie wurde in einem vorherigen Kapitel bereits aufgegriffen. Was es damit auf sich hat, wird nun detaillierter erläutert. Hier noch einmal die vorherige Erklärung:

Was ist die Kundalinienergie? Diese wichtige Energie wird auch mit dem Ausdruck Schlangenkraft beschrieben. Die Kraft kann als ein Stab voller Energie vorgestellt werden. Der Stab verläuft durch die sieben Hauptchakren entlang der Wirbelsäule und hält sie zusammen. Die Kundalinienergie beginnt dabei am tiefsten Chakra, dem Wurzelchakra, und endet am höchsten Punkt, dem Kronenchakra.

Wenn Sie ein Gefühl einer Einheit mit Ihrem Körper spüren, dann konnte Ihr Kundalini, eine Art Energiereserve, Ihre Energie vom untersten Ende Ihrer Wirbelsäule bis zum Scheitelpunkt Ihres Kopfes fließen lassen. Die sieben Hauptchakren verbinden sich miteinander. Dieses Einheitsgefühl wird auch als Samadhi bezeichnet. Es geschieht normalerweise nicht ruckartig, sondern verläuft achtsam durch Ihren Körper. Vielleicht kennen Sie ein Gefühl dieser Art nach einer ausgeprägten Yoga-Praxis oder nach meditativen Übungen.

Mögliche meditative Übungen oder auch Yoga-Übungen werden in den folgenden zwei Kapiteln für jedes einzelne Chakra ausgeführt.

CHAKRA-MEDITATIONEN

Wenn Sie meditieren, dann können Sie Ihre Chakren direkt ansprechen. Dies führt dazu, dass sich Ihre blockierten Chakren wieder lösen und Ihnen neue Kraft und Lebensfreude schenken. Doch das Öffnen der Chakren benötigt Zeit. Versuchen Sie, sich regelmäßig einen kleinen Zeitraum zu schaffen, in dem Sie sich auf Ihre Chakren konzentrieren. Beginnen Sie mit 30 Minuten, vielleicht finden Sie auch weniger Zeit. Am besten ist es jedoch, wenn Sie direkt morgens nach dem Aufstehen meditieren.

Um mit einer Chakra-Meditation zu beginnen, benötigen Sie keine konkreten körperlichen oder psychischen Voraussetzungen. Bereiten Sie Ihren Körper und Ihre Umgebung jedoch gut vor.

Vorbereitend empfiehlt es sich, wenn Sie bereits einige Zeit zuvor Ihre Gedanken öffnen und sich bereit dafür machen, neue Erfahrungen zu erleben. Außerdem ist es wichtig, dass Sie darauf achten, während Ihrer Meditation ungestört zu bleiben. Nehmen Sie sich die Zeit für sich! Dies richtet sich nicht nur an Störungen, die durch das Erscheinen anderer Menschen entstehen, schalten Sie auch Ihren Computer und Ihr Handy aus. Diese Zeit gehört nur Ihnen!

Wenn Sie mögen, dann könnten Sie sich einen Bereich in Ihrer Wohnung oder in Ihrem Haus aussuchen und diesen für Ihre Meditationen widmen. Hier bietet es sich an, Kerzen anzuzünden oder aromatische Düfte aufzustellen.

Nachdem Sie diese Vorbereitungen getroffen haben, können Sie sich in eine Sitzposition Ihrer Wahl begeben. Oftmals nutzen Meditierende den Schneidersitz oder den Fersensitz. Wenn Sie möchten, dann können Sie sich aber auch in eine liegende Position begeben.

Beginnen Sie dann Ihre Chakra-Meditation mit bewussten und tiefen Atemzügen.

1 Wurzelchakra-Meditation

Wenn Sie Ihr Wurzelchakra mit einer Meditation stärken wollen oder dieses blockiert ist, dann sollten Sie sich regelmäßig zur Ruhe setzen und meditieren. Die folgende Meditation dauert circa 5 bis 10 Minuten.

Setzen Sie sich am besten in einen Schneidersitz und achten Sie auf eine gerade Rückenhaltung. Legen Sie dann Ihre Hände, mit den Handflächen nach unten, auf Ihre Knie ab und atmen Sie drei Mal ein und aus.

Versuchen Sie dann, sich vorzustellen, wie Sie sich, ausgehend von Ihrem Wurzelchakra, durch energiegeladene Wurzeln mit Ihrem Untergrund verbinden. Sie verbinden sich mit der Erde. *Vielleicht fühlen Sie bereits den Halt und die neue Kraft, die Ihnen die Erde schenkt?* Bewahren Sie diese Vorstellung in sich und atmen Sie in diese hinein. Nehmen Sie das Gefühl wahr, das Ihnen die Erde gibt, und lassen Sie weitere Empfindungen zu.

Atmen Sie weiter in das Gefühl hinein und stellen Sie sich vor, dass Sie selbst und alles um Sie herum aus Energie und Licht bestehen. Stellen Sie sich vor, dass Sie beim Einatmen weißes Licht in

sich aufnehmen und damit Ihr Chakra zum Strahlen bringen. Lassen Sie dieses Licht dann beim Ausatmen wieder aus Ihrem Körper heraus. Wiederholen Sie diesen Vorgang. Sie werden bemerken, dass Ihr Wurzelchakra aufblühen wird und sich mit Licht füllt. Wenn Sie wahrnehmen, dass Ihr Chakra ausreichend mit Licht gefüllt ist, dann legen Sie Ihre Handflächen aufeinander und halten Sie diese nahe an Ihrem Herzen. Spüren Sie nach und bedanken Sie sich bei sich selbst. Öffnen Sie nun Ihre Augen.

2 Sakralchakra-Meditation

Legen Sie sich, wenn Sie möchten, in Rückenlage auf eine Matte oder auf den Boden. Ihre Arme können Sie neben Ihrem Körper ablegen, Ihre Hände sind nach oben geöffnet.

Diese Meditation dauert circa 5 Minuten.

Nehmen Sie Ihre Atmung wahr. Spüren Sie Ihr Ein- und Ausatmen wie auch die Atempausen. Lassen Sie bei jeder Ausatmung Ihre Muskeln ein Stückchen mehr los und sinken Sie dabei noch tiefer in den Boden. Fühlen Sie dann bei jeder Einatmung die Energie, die durch Ihren Körper fließt. Gehen Sie mit Ihren Gedanken hin zu dem Ort Ihres

Sakralchakras. Sie können sich dann durch folgenden Wortlaut auf Ihr Sakralchakra einstimmen: *„Ich nehme mein Sakralchakra wahr und stelle es mir als orangefarbenen Energiewirbel vor. Es strahlt mich an. Ich erlebe die Gefühle von Energie und Lebensfreude. Ich nehme die Gefühle immer stärker wahr und lasse damit mein Sakralchakra immer größer werden. Die Energie dieses Chakras dehnt sich immer mehr aus und strömt durch meinen ganzen Körper."*

3 Nabelchakra-Meditation

Sie können Ihr Nabelchakra mit folgender Meditation aktivieren. Die Meditation dauert 7 bis 10 Minuten und ist stehend auszuüben. Stehen Sie aufrecht und stellen Sie Ihre Füße schulterbreit auseinander. Beugen Sie dann Ihre Knie und atmen Sie durch die Nase tief in Ihren Bauch ein. Während Sie durch den Mund ausatmen, stützen Sie Ihre Hände auf den Oberschenkel ab und beugen Sie sich nach vorne, runden Sie dabei Ihren Rücken. Atmen Sie hier nochmals tief durch die Nase ein und durch den Mund wieder aus. Halten Sie dann die Luft an und bewegen Sie die Bauchdecke nach innen und oben. Bewegen Sie daraufhin Ihren Bauch erneut, mit angehaltenem Atem, mehrmals und mit Kraft von innen nach außen. Anschließend richten Sie sich einatmend auf und lassen dann, ausatmend, alle Spannungen in Ihrem Nabelchakra los. Nehmen Sie einatmend erneut Energie auf und lassen Sie diese Energie sich ausdehnen. Wiederholen Sie die Übung und bleiben Sie dann, aufrecht stehend, einen Moment lang ruhig.

4 Herzchakra-Meditation

Sie können, um eine Stärkung Ihres Herzchakras herbeizuführen, eine meditative Achtsamkeitsübung machen. Diese Übung dauert nur wenige Minuten.

Nehmen Sie Ihr Herz wahr und spüren Sie in Ihr Herz hinein. Wie fühlt es sich an?

Stellen Sie sich dann vor, dass Ihr Herz sehr hell leuchten würde und voller Licht wäre. Nehmen Sie dieses Licht in sich auf. Atmen Sie bewusst in Ihr leuchtendes Herz hinein. Lassen Sie Ihr Herz mit jeder Einatmung immer stärker leuchten und damit immer größer werden. Mit jeder Ausatmung lassen Sie immer mehr los. Lassen Sie alles los, alle Anspannung und jeden Stress. Spüren Sie sich in Ihr

Herz und lassen Sie es mit jeder Einatmung heller strahlen. Lassen Sie das Leuchten auf Ihren gesamten Körper übergehen. Nehmen Sie Gefühle eines inneren Friedens und eine innere Ruhe wahr. Danken Sie sich selbst für diese wunderschöne Übung. Öffnen Sie dann Ihre Augen und halten Sie das Gefühl.

5 Halschakra-Meditation

Um Ihr Halschakra zu aktivieren, bietet es sich an, dass Sie eine Atemübung durchführen. Diese Übung dauert etwas länger, Sie sollten 15 Minuten Zeit einplanen. Die Übung ist stehend auszuführen. Ihre Beine sind schulterbreit aufgestellt und Ihre Knie in einer leichten Beugung. Schließen Sie die Augen und konzentrieren Sie sich auf Ihren Kehlkopf. Mit dieser gerichteten Aufmerksamkeit sinken Sie dann für fünf bis zehn Minuten in sich und atmen durch die Nase ein und aus. Lenken Sie dabei bewusst Ihre Gedanken hin zu Ihrem Kehlkopf und Ihrer Atmung. Nehmen Sie auch Ihre Atemgeräusche mit den Ohren wahr und hören Sie den Rhythmus. Stützen Sie sich dann auf Ihren Knien ab und neigen Sie Ihren Oberkörper nach vorne. Legen Sie dann Ihr Kinn auf dem Brustbein ab. Bleiben Sie in dieser Haltung und konzentrieren Sie sich erneut auf Ihre Atmung. Lösen Sie die Haltung auf, wenn Sie sich nicht oder nicht mehr wohlfühlen. Sie können diese Übung so oft Sie wollen wiederholen. Halten Sie nach Abschluss der Übung einen Moment lang inne und spüren Sie nach. Wie fühlt sich Ihr Hals an? Können Sie Ihr Halschakra wahrnehmen? Mit jeder Einatmung nehmen Sie Energie in Ihr Chakra auf und es blüht auf und dehnt sich in Ihrem Körper aus. Halten Sie diese Erfahrung.

6 Stirnchakra-Meditation

Für eine Aktivierung des Stirnchakras bietet sich eine bekannte Meditation an. Sie dauert circa 5 bis 10 Minuten und ist sitzend auszuführen. Setzen Sie sich aufrecht hin und atmen Sie tief durch Ihre Nase ein und aus. Behalten Sie diese tiefen Atemzüge die gesamte Zeit der Meditation bei. Legen Sie dann Ihre Daumen mittig zwischen Ihre Augenbrauen und Ihre Handflächen aufeinander. Erhöhen Sie anschließend den Druck Ihrer Daumen auf Ihre Stirn und schließen Sie Ihre Augen. Stellen Sie sich vor, Ihre Augen würden zu dem Punkt blicken, an dem Sie mit Ihren Daumen auf Ihre Stirn drücken. Nehmen Sie den Druck wahr und atmen Sie tief ein und aus. Atmen Sie in den Druckpunkt hinein und wenn Sie möchten, dann können Sie sich Ihr Stirnchakra als einen indigoblauen Energiewirbel vorstellen, der genau dort liegt, wo Sie Ihre Daumen halten. Stellen Sie sich vor, dass dieser Energiewirbel mit jeder Einatmung strahlender und größer wird und mit jeder Ausatmung alle schlechte Energie abgibt. Nehmen Sie Ihre Gefühle wahr und halten Sie die schönen Gefühle fest. Lösen Sie die Haltung auf und nehmen Sie Ihren Körper bewusst wahr. Öffnen Sie ruhig Ihre Augen.

7 Kronenchakra-Meditation

Zur Aktivierung Ihres Kronenchakras bietet sich ebenfalls eine Atemübung an. Sie können diese Übung im Sitzen oder im Stehen ausüben. Atmen Sie bewusst durch Ihre Nase ein und durch Ihren Mund aus. Lenken Sie Ihre Gedanken hin zu Ihrem Kronenchakra, also genau auf Ihren Scheitel, dem höchsten Punkt Ihres Kopfes. Nehmen Sie Ihre Atmung wahr und stellen Sie sich vor, wie mit jeder Einatmung neue Energie in Sie hineinströmt. Diese

Energie strömt durch Ihren Körper, hin zu Ihrem Scheitelpunkt, Ihrem Kronenchakra. Wenn Sie ausatmen, strömt diese Energie wieder zurück und nimmt alles Schlechte auf Ihrem Weg mit. Wenn Sie möchten, dann können Sie diese Atemübung erweitern und sich vorstellen, dass alles um Sie herum, also das gesamte Universum, aus Licht besteht. Auch Sie selbst bestehen aus Licht. Sie leuchten. Atmen Sie ein und nehmen Sie wahr, wie weißes Licht durch Ihre Chakren, ausgehend vom Wurzelchakra, durch Sie hindurch fließt. Es fließt hin zu Ihrem Kronenchakra. Beim Ausatmen fließt dieses Licht dann zurück in Ihre Umwelt, in das Universum. Bemerken Sie mit jeder Ein- und jeder Ausatmung, dass sich Ihre Chakren mit Licht füllen und Ihr Körper voller Energie ist. Führen Sie die Übung so lange durch, wie Sie möchten. Beenden Sie die Übung an einem für Sie geeigneten Zeitpunkt und halten Sie einen Moment lang inne.

YOGA-ÜBUNGEN

Yoga-Übungen bieten sich nicht nur gut dafür an, die Wahrnehmung der eigenen Chakren zu stärken. Sie ermöglichen weiterhin ein Kennenlernen der eigenen Energiezentren. Wir lernen dadurch, in uns hinein zu spüren und Blockaden zu erkennen. Die Yoga-Praxis ist somit eindeutig ein wichtiger Begleiter in der Harmonisierung der Energiezentren und somit des eigenen Körpers.

1 Wurzelchakra-Yoga

Eine geeignete Yoga-Übung ist der sogenannte „Schmetterling". Setzen Sie sich dafür auf den Boden und legen Sie Ihre Fußsohlen aneinander. Richten Sie sich auf, sodass Ihr Rücken gerade ist, und legen Sie dann Ihre Hände um Ihre Füße. Schließen Sie dann Ihre Augen und spüren Sie nach. Ihre Knie ziehen zum Erdboden. Ihre Arme sind entspannt. Konzentrieren Sie sich auf Ihr Wurzelchakra und auf die Energie um Sie herum. Dann können Sie damit beginnen, Ihre Knie auf und ab zu bewegen, wie die Flügel eines Schmetterlings. Dies können Sie so lange fortführen, wie es Ihnen guttut. Um die Übung zu beenden, bleiben Sie einen Moment ganz ruhig, ohne jede Bewegung. Öffnen Sie dann die Augen.

2 Sakralchakra-Yoga

Um die „Taube" zu praktizieren, setzen Sie sich auf den Boden. Strecken Sie dann das eine Bein nach hinten aus, bis es vollkommen gestreckt ist. Das andere Bein winkeln Sie an. Halten Sie dann Ihre beiden Hände abgestützt neben das vordere angewinkelte Bein. Dann heben Sie den Arm an, welcher auf der gleichen Seite liegt wie das nach hinten ausgestreckte Bein. Den anderen Arm halten Sie auf dem Boden abgestützt. Greifen Sie dann mit dem angehobenen Arm die Zehen des ausgestreckten Fußes. Sie müssen dafür den Fuß auch in Richtung Ihrer Hand bewegen. Den Ellenbogen des angehobenen Armes geben Sie dabei nach unten. Dann drehen Sie den Ellenbogen über außen nach oben. Diese Asana wird Ihr Sakralchakra öffnen und stärken.

3 Nabelchakra-Yoga

Zur Aktivierung dieses Chakras bietet sich jedes Asana an, das Wärme im Bereich des Nabelchakras aufbaut. Es soll nun die Übung „Drehsitz", auch „Ardha/Purna Matsyendrasana" genannt, vorgestellt werden. Diese Übung sorgt für Flexibilität der Wirbelsäule und des Geistes und kann dadurch Ihr Nabelchakra aktivieren. Außerdem werden Ihre inneren Organe durch die Ausübung dieser Asana sanft massiert und folglich angeregt.

Setzen Sie sich für diese Übung in den Fersensitz. Heben Sie dann Ihr Gesäß an und legen Sie es links neben Ihrer Hüfte ab. Dann heben Sie Ihren rechten Fuß an und setzen diesen neben dem linken Knie wieder ab. Sie sind nun in einer Drehung. Richten Sie sich dann an Ihrem Knie auf. Ihr Rücken sollte möglichst gerade sein. Strecken Sie dann, mit Ihrer nächsten Einatmung, Ihren rechten Arm gerade nach oben aus und setzen Sie diesen anschließend, mit Ihrer Ausatmung, rechts hinter sich ab. Ihr rechter Arm hat sich weiter nach rechts gedreht. Ihr Oberkörper ist nun noch mehr verdreht. Auf der rechten Hand sollte kein Gewicht lasten. Wenn Ihnen diese Übung zu schwierig ist, dann können Sie das untere Bein, also in dem Fall Ihr linkes Bein, lang ausstrecken. Wichtig ist, dass Sie während der Übung versuchen, Ihren Rücken zu strecken, mehr

Länge zu schaffen und außerdem mit jedem Atemzug, noch ein Stückchen mehr in die Dehnung hinein zu gehen. Machen Sie dies möglichst langsam und sanft und genießen Sie Ihre Ein- und Ausatmungen. Lösen Sie, wann Sie möchten, Ihre Haltung auf und beginnen Sie dann, die Übung auf der anderen Seite durchzuführen.

4 Herzchakra-Yoga

Zur Öffnung und Aktivierung Ihres Herzchakras können Sie eine Yoga-Übung mit dem Namen „Der Fisch" ausprobieren. Sie wird in Sanskrit mit „Matsyasana" bezeichnet. Für diese Yoga-Übung müssen Sie sich in eine sitzende Position, mit ausgestreckten Beinen, begeben. Legen Sie dann Ihre Unterarme und Handflächen so hinter Ihrem Oberkörper ab, dass die Handflächen unter Ihrem Gesäß auf dem Boden aufliegen. Die Ellenbogen liegen ebenfalls auf dem Boden und sind so dicht wie möglich aneinandergerückt. Das Gewicht Ihres Oberkörpers sollte auf Ihren Armen liegen. Atmen Sie dann bewusst ein und heben Sie Ihren Oberkörper und Kopf an, um den Kopf dann mit der folgenden Ausatmung sanft in Richtung Boden abzulegen. Sie geben mit dieser Übungen Ihrem vorderen Oberkörper und damit auch Ihrem Herzchakra viel Platz und Raum, um sich zu öffnen. Wenn Sie die Übung beenden wollen, dann heben Sie zuerst Ihren Kopf und anschließend Ihren Oberkörper an und legen Sie schließlich beide auf dem Boden vollständig ab. Legen Sie dann Ihre Hände und Arme neben Ihrem Oberkörper ab. Spüren Sie einen Moment lang nach. Was fühlen Sie?

5 Halschakra-Yoga

Es ist möglich, das Halschakra zu aktivieren, indem Yoga-Übungen ausgeführt werden, die sich auf den Schulter-, Hals- und Nackenbereich auswirken. Hierbei bietet sich sogar eine der bekanntesten Yoga-Übungen an. Adho Mukha Svanasana – oder auch der Hund beziehungsweise der herabschauende Hund, ist eine anspruchsvolle Übung, die beim Yoga wohl am häufigsten ausgeführt wird. Während der Ausführung dieser Übung werden der Rücken, der Nacken und die Schultern gedehnt. Dabei können sich Verspannungen lösen, während trotzdem die Arme und die Beine trainiert werden.

Kommen Sie in die Position des Liegestütz. Ihre

Hände sind fest auf dem Boden und Ihre Finger weit aufgespreizt. Schieben Sie, um die Übung zu beginnen, Ihr Gesäß nach oben. Sie können Ihr Gesäß so weit strecken, wie es Ihr Körper Ihnen erlaubt. Ihre Arme sind gestreckt. Versuchen Sie auch, Ihre Beine zu strecken und Ihre Fersen aktiv in Richtung Boden zu schieben. Dabei kommt es zu einer intensiven Dehnung Ihrer Beinrückseiten. Wenn Ihnen diese Dehnung zu intensiv ist, dann beugen Sie einfach Ihre Knie. Versuchen Sie außerdem, Ihren Nacken und Ihre Schultern zu entspannen. Ziehen Sie Ihre Schultern weg von den Ohren und die Schulterblätter bewusst auseinander. Bleiben Sie in dieser Position und atmen Sie bewusst ein und aus. Beenden Sie die Übung, wann Sie möchten, und kommen Sie gerne zurück, wenn es Ihnen gefallen hat.

6 Stirnchakra-Yoga

Eine stärkende Yoga-Übung für Ihr Stirnchakra ist der Krieger III. Diese Übung wird stehend ausgeführt. Stellen Sie Ihre Füße eng nebeneinander und verlagern Sie dann Ihr Körpergewicht auf eines Ihrer Beine. Neigen Sie dann Ihren Oberkörper langsam in Richtung Boden. Sie können dabei Ihre gestreckten Arme zu den Seiten oder nach vorne ausbreiten. Halten Sie Ihren Nacken gestreckt und den Blick gerade ausgerichtet. Heben Sie dann das Bein nach hinten, auf dem nicht Ihr Körpergewicht lastet. Lassen Sie das Bein ausgestreckt in der Luft schweben und bilden Sie, wenn möglich, mit Ihrem Rücken eine Gerade. Stellen Sie sich vor, wie sich Ihr Stirnchakra, durch die Ausrichtung zum Erdboden, von selbst heilt und öffnet. Bleiben Sie in dieser Haltung, solange Sie möchten.

7 Kronenchakra-Yoga

Um das Kronenchakra zu öffnen, ist es möglich, die Übung der Pyramide auszuführen. Diese Übung stärkt Ihr Gleichgewicht und Ihre innere Kraft. Kommen Sie in einen aufrechten Stand, Ihre Füße stehen direkt nebeneinander. Atmen Sie tief ein und aus und machen Sie dann einen großen Ausfallschritt, bis Ihre Füße etwa einen Meter auseinanderstehen. Der vorne stehende Fuß ist gerade ausgerichtet, die Zehen zeigen nach vorn. Der hintere Fuß ist ein wenig schräg aufgestellt. Ihre Beine sind gestreckt und auch Ihre Fersen stehen fest auf dem

Boden. Ziehen Sie Ihre Schulterblätter aneinander, sodass sich Ihr Brustkorb öffnet. Lehnen Sie daraufhin Ihren Oberkörper über das vordere Bein, bis er parallel zum Boden steht. Berühren Sie dann mit Ihren Fingerspitzen den Boden. Beachten Sie, dass Ihre Fersen weiterhin den Boden berühren sollten. Atmen Sie in dieser Haltung tief ein und aus und verbleiben Sie in der Übung, solange sie Ihnen guttut. Wechseln Sie anschließend das vordere und hintere Bein.

Herstellung und Verlag:
BoD – Books on Demand, Norderstedt
ISBN: 9783752689723

© Amelie Rosenstein 2020
1. Auflage
Kontakt: Psiana eCom UG/ Berumer Str. 44/ 26844 Jemgum
Covergestaltung: Fenna Larsson
Coverfoto: depositphotos.com